Ja, ich will´s tun,
laß mich heute recht schlemmen,
demmen und guter Dinge sein.

(H. Heine, Zur Geschichte der Religion, 1834)

Lebt der Koch in der Kombüse,
heißt er sicher nicht Bocuse.

(M. Boenke, Basis-Kochweisheit, 1988)

Direktverlag

Sam -Aicher -Vogt GbR
Holzhüttenstraße 3
88377 Riedhausen

**Kochbuch für Studenten, Junggesellen,
Strohwitwer und andere
Dilettanten**

Autor: Michael Boenke
Illustrationen: Hendrike Kösel - Boenke
Satz und Layout: Klaus Sam

ISBN: 3-925 295-04-6

INHALTSVERZEICHNIS

Oh nein, schon wieder ein Kochbuch!

Dieses Büchlein soll all´ denen eine Hilfe sein, die bis jetzt von einer treusorgenden Gattin, liebenden Mutter oder einem besorgten Gefährten bekocht worden sind und die nun plötzlich das unbarmherzige Schicksal eines Selbstversorgers trifft. Die Tücken des Kochens sind bei weitem nicht so mörderisch und unüberwindbar, wie sie oft scheinen. Um dem unausweichlichen Hungertod zu entgehen, muß man nicht in die Mensa oder eine Kantine, geschweige denn an einen Imbißstand wanken, um sich den Magen zu verderben und dabei auch noch recht fett zu werden.

Diesem Schicksal kann man entgehen, indem man sich dieses Büchlein schenken läßt und dann alleine oder - was noch besser ist - mit Freunden kocht. Die Genießer dieser Rezepte werden erstaunt sein, wie gut Selbstgemachtes schmeckt und wie sehr Kochen Spaß machen kann.

Der Verfasser des Büchleins - selbst mittelloser Student - hat bei den Rezepten darauf geachtet, daß der Preis der Zutaten in einem erschwinglichen Rahmen bleibt, ohne daß der Gourmet mit Mangelerkrankungen rechnen muß. Im Gegenteil, es wurde versucht, recht abwechslungsreiche und auch gesunde Speisen zusammenzustellen.

Da das Kochen ja an und für sich keine todernste Angelegenheit ist, wurde das Kochbuch in diesem Sinne mit vergnüglichen "Comics" illustriert. An dieser Stelle sei deshalb Hendrike Kösel ganz herzlich Dank gesagt, die es trefflich verstanden hat, meine Gedanken in Bilder umzusetzen. Am Ende fast jeder Seite ist zudem eine sogenannte "Kochweisheit" zu finden, von der sich der geneigte Koch jedoch nicht irritieren lassen sollte.

Viel Spaß und frisch ans Werk - den Mutigen gehört die Welt!

Guter Rat vor der Tat

Dieses Kochbuch erhebt nicht den Anspruch, ein Lehrbuch zu sein. Die Rezepte lassen sich gerne variieren - wie schon die alten Römer wußten: "De gustibus non est disputandum." Erst durch Experimentieren und Variieren findet man zu seinem eigenen Geschmack. Der eine mag´s würziger, der andere milder, der eine mag Knoblauch, der andere kann ihn nicht ausstehen (der Verfasser liebt ihn). Auch beim Kochen ist Flexibilität gefragt!

Zu beachten wäre:
- Einkaufen immer vor dem Kochen!
- Sonderangebote wahrnehmen! Eine schöne Verpackung kann man ja nicht essen.
- Auf die Frische der Ware achten!
- Nie hungrig zum Einkaufen gehen!
- Umweltbewußt einkaufen! Plastikverpackungen und Einweggläser meiden.

Folgende Vorräte sollten immer zuhause sein:
Gewürze: Salz, Pfeffer, Zucker, Paprika, indischer Curry, Muskatnuß, Maggiwürze, Cayenne-Pfeffer (manche mögen´s scharf).
Kräuter: Schnittlauch, Petersilie, Oregano, Dill (alles gibt´s auch getrocknet).
Zwiebeln, Knoblauch, Essig, Öl, Senf, gekörnte Fleischbrühe.
Konserven: Erbsen, passierte Tomaten, H-Sahne, Obst für Süßspeisen.
Grundnahrungsmittel: Eier, Kartoffeln, Mehl, Reis, Nudeln.

Kritisches zum Fleisch:
In diesem Kochbuch finden sich recht wenig Fleischgerichte oder Gerichte, bei denen Fleisch oder Fleischprodukte im Vordergrund stehen. Zwei Gründe sind dafür ausschlaggebend. Erstens ist Fleisch trotz seiner Überproduktion noch viel zu teuer. Zweitens ist zu bedenken, daß die Produktion von Fleisch mehr an Nährwerten "schluckt", als das Fleisch dem Verbraucher wieder zuführen kann. Über die heutige Massentierhaltung, die nicht fähig ist gesunde Tiere zu "erzeugen", will ich hier nicht reden. Das Fleischessen soll auch nicht grundsätzlich verdammt werden - ich esse gern mal eine saftige Rinds-

roulade - aber es muß ja nicht jeden Tag Fleisch sein; man kann versuchen, seinen Fleischkonsum zu reduzieren.

Das Idealgewicht - keine Pflicht!

In diesem Kochbuch wird man vergeblich eine Kalorientabelle suchen, wer fasten will, sollte dies nicht mit einem Kochbuch tun. Neueste medizinische Untersuchungen besagen, daß das von der Mode diktierte Idealgewicht zu halten oder zu erreichen, für viele Menschen eine starke psychische Belastung darstellt. Der ewige Kampf um jedes Gramm macht mürbe. Der "Superschlankheitswahn" kann schließlich zu einer ständigen Unzufriedenheit führen. Es gibt einfach keine Patentrezepte für´s Idealgewicht; viel wichtiger ist es, sich wohl zu fühlen. Bewußte und gesunde Ernährung kann dem dienlich sein. Wer sich in diesem Sinne ernährt und seinem Körper die nötige Bewegung gönnt, wird sowieso nicht mit seinen Pfunden zu kämpfen haben.

WICHTIG: Sämtliche Rezeptangaben in diesem Kochbuch beziehen sich, falls nichts anderes angegeben wird, auf ZWEI Personen.

Salate Teil I - Frisch und Bunt

Vitamine kann man heute ohne weiteres in flüssiger Form, nämlich als in Wasser aufgelöste Brausetablette, zu sich nehmen. Die trübe Vitaminbrühe ist jedoch nicht jedermanns Sache. Eine reizvollere und auch wohlschmeckendere Alternative bietet das Salatessen. Die meisten Salate werden heute ganzjährig angeboten. Salate eignen sich vorzüglich zum Kombinieren mit verschiedenen Gemüsen, sämtliche Blattsalate lassen sich untereinander mischen.

Grundregeln für die Zubereitung von Blattsalaten:

- Salat muß immer frisch sein
- Salat gründlich putzen, welke Blätter entfernen
- Blätter in kaltem Wasser waschen
- Gut abtropfen lassen
- Salat sollte nicht gedrückt werden
- Alle Blattsalate sollten erst kurz vor dem Servieren mit der Soße vermischt werden.

Grundrezept für eine Sahnesoße:

1 Teelöffel Zitronensaft
1/8 Liter Sahne
Pfeffer, Salz

Die Gewürze mit dem Zitronensaft verrühren, und die Sahne dazumischen. Diese Sahnesoße läßt sich je nach Geschmack verfeinern. Man kann Tomatenmark, Senf, Meerrettich, fein gehackte Walnüsse, aber auch fein gewürfeltes Obst, Kräuter, feingehackten Knoblauch usw. hinzufügen. Die Phantasie kreiert oft die besten Soßen.

Trinkt der Koch zwei Rähmle Bier,
sieht er nachher deren vier.

Grundrezept für eine Soße mit Öl

1/2 Eßlöffel Essig
1 Eßlöffel Wasser
2 Eßlöffel Öl
Salz, Pfeffer, 1 Prise Zucker

Die Gewürze mit dem Essig und dem Wasser verrühren. Das Öl erst zum Schluß beigeben (sonst verkleben die Gewürze und geben ihr Aroma nicht ab). Alles verrühren. Es können Kräuter und Gewürze nach Geschmack und Belieben beigegeben werden.

Gurkensalat

1 Salatgurke
1 Apfel
100g Schweizer Käse
Grundrezept Sahnesoße
Salz, Zucker
1 Teelöffel Dill (getrocknet)

Die Salatgurke schälen (von der Blüte zum Stiel, die im Stiel befindlichen Bitterstoffe werden somit nicht auf die ganze Gurke verteilt) und in feine Scheiben schneiden. Den Apfel gut waschen, Kerngehäuse entfernen und würfeln. Den Käse würfeln und mit dem Apfel unter die Gurke mischen. Die Sahnesoße mit viel Dill und etwas Zucker und Salz abschmecken. Unter den Salat mischen.

Ackersalat mit Ei und Tomaten

100g Acker-(Feld-)salat
3 feste Tomaten, in Scheiben geschnitten
2 harte Eier, gewürfelt
2 Eßlöffel Essig

2 Eßlöffel Öl
etwas Wasser, Salz, 1 Prise Zucker, 1 Bund Schnittlauch, etwas Thymian, eine Messerspitze Pfeffer

Ackersalat gut waschen, mindestens dreimal. Essig, Wasser, Senf, die Gewürze und zum Schluß das Öl sowie den fein gehackten Schnittlauch zur Marinade anrühren. Die übrigen Zutaten vorsichtig untermischen.

Bunter Salat

1 Kopfsalat
3 Tomaten
1 Bund Radieschen
1 Paprika
2 Teelöffel Zitronensaft
2 Eßlöffel Wasser
1 Teelöffel Senf
Schnittlauch
1 Prise Thymian
1 Prise Zucker
2 Eßlöffel Öl
Pfeffer
Salz
1/2 Becher Joghurt

Kopfsalat gut waschen. Tomaten, Zwiebeln, Paprika und Radieschen nach Belieben schneiden. Wasser, Zitronensaft, Senf und den Joghurt zur Soße verrühren und nach Belieben mit den Kräutern und Gewürzen abschmecken, zum Schluß das Öl unterrühren. Thymian sparsam verwenden. Die geschnittenen Zutaten mit der Marinade übergießen. Behutsam mischen, mit Schnittlauch garnieren.

Muß der Koch ganztägig furzeln,
liegt es an den Ginseng-Wurzeln.

Chinakohlsalat

1 kleinerer Chinakohl
1 Mandarine
Joghurt und Sahne
Zucker, Pfeffer, Salz,
etwas Zitronensaft

Den Chinakohl in feine Streifen schneiden und gut waschen. Die Mandarine schälen, in Schnitze teilen und kleinschneiden. Mit dem Salat mischen. Joghurt und Sahne mischen (Menge nach Belieben), mit Zitronensaft, Zucker, Pfeffer und Salz abschmekken. Die Marinade über den Salat geben.

Salate Teil II - Es geht auch ohne Salat

Erbsensalat

2 kleine Dosen Erbsen
2 Scheiben Speck
2 Zwiebeln
3 hartgekochte Eier
3 Eßlöffel Joghurt
3 Eßlöffel Mayonnaise
1 Knoblauchzehe
Salz, 1/2 Teelöffel Pfeffer

Speck und Zwiebeln fein würfeln, in einer Pfanne anbraten und abkühlen lassen. Die hartgekochten Eier halbieren, das Eigelb entnehmen und fein zerdrücken. Das Eigelb mit dem Joghurt und der Mayonnaise verrühren. Das Eiweiß würfeln, mit den Erbsen, dem Speck und den Zwiebeln unter die Marinade mengen. Das Ganze mit fein gehacktem Knoblauch, Salz und Pfeffer abschmecken.

Thunfischsalat

2 Dosen Thunfisch im eigenen Saft
1 Zwiebel
1 Dose Erbsen
1 Eßlöffel Essig, 2 Eßlöffel Wasser,
Salz, Pfeffer, 1 Prise Estragon,
2 Eßlöffel Öl

Thunfisch zerstückeln, die Zwiebeln zu dünnen Ringen schneiden. Essig, Wasser, eine Prise Salz, Estragon, eine Messerspitze Pfeffer und das Öl zur Soße verrühren. Thunfisch, Erbsen und Zwiebeln untermischen.

Zwiebelsalat

Zutaten für eine Person (mehr essen sowieso nicht mit):

1 große Gemüsezwiebel
2 Schalotten
1 Bund Schnittlauch
1 Knoblauchzehe
1 Eßlöffel Essig
3 Eßlöffel Sahne
1/2 Teelöffel Zucker
1/2 Teelöffel Paprika edelsüß, 1 Messerspitze Pfeffer, Salz, Maggi

Die Gemüsezwiebel und die Schalotten in dünne Scheiben schneiden (unbedingt das Grüne der Schalotten mitverwenden). Schnittlauch und Knoblauch fein zerhacken. Für die Soße Essig, Sahne, Paprika und den Zucker verrühren. Mit Salz, Maggi und Pfeffer abschmecken. Soße über die anderen Zutaten geben, untermischen und den Salat etwas ziehen lassen. Dazu ist man am besten viel Weißbrot mit Butter.

Kartoffelsalat

750g festkochende Kartoffeln (ich bevorzuge "Sieglinde")
1 große Zwiebel
1/4 Liter Fleischbrühe
1 Teelöffel Zucker
1 Teelöffel Senf
1 gehackte Knoblauchzehe
1 Eßlöffel Essig, 3 Eßlöffel Öl, Pfeffer schwarz, Salz, frischer Schnittlauch

Kartoffeln waschen und in Salzwasser 25 Minuten als Pellkartoffeln kochen. Die heißen Kartoffeln schälen und ganz abkühlen lassen. Die kalten Kartoffeln in dünne Scheiben schneiden oder hobeln. Die Fleischbrühe mit der Hälfte der gehackten Zwiebeln, dem Zucker, dem Senf und etwas gehacktem Knoblauch zum Kochen bringen. Die heiße Brühe über die Kartoffeln gießen und mit den restlichen Zwiebeln vermischen. Essig und Öl dazugeben und nochmals gut mischen. Mit Öl sollte nicht gespart werden. Mit Salz und Pfeffer den Salat abschmecken und ihn gut durchziehen lassen. Vor dem Servieren mit frischem Schnittlauch garnieren.

Wurstsalat

400g Fleischwurst
1 große Zwiebel
1 roter Paprika
300g Schweizer Käse
2 Eßlöffel Wasser
1 Eßlöffel Essig
3 Eßlöffel Öl
1 Prise Zucker
etwas weißer Pfeffer, 1/2 Teelöffel Paprika edelsüß, Schnittlauch

Die Fleischwurst abziehen und in feine Streifen schneiden. Die Zwiebel in dünne Ringe schneiden. Die Paprikaschote nach dem Säubern und Entkernen ebenfalls in kleine Streifen schneiden. Den Schweizer Käse würfeln. Alle Zutaten locker mischen. Für die Marinade Wasser und Essig verrühren, mit den angegebenen Gewürzen pikant bis scharf abschmecken, Öl beigeben. Die Marinade über den Salat geben, gut mischen, ziehen lassen und mit frischem Schnittlauch garniert servieren.

Steht der Koch im Wurstsalat,
wird dieser ganz bestimmt nicht fad.

Das Hauptgericht - etwas für's Gewicht

Dennet
(Oberschwäbisches Fladenbrot)

Zutaten für 4 Personen:
1 starkes Pfund Mehl
1 Hefewürfel (42g)
1/4 Liter lauwarmes Wasser
1 Prise Zucker
1 Teelöffel Salz
Belag: 2 Eßlöffel Mehl mit 3 Eiern verrühren, 2 Zwiebeln, 300g Speck, frischen Schnittlauch, nach Belieben Kümmel.

Mehl in eine Schüssel geben, in die Mitte eine Vertiefung machen, Hefe einbröckeln und mit etwas lauwarmem Wasser und einer Prise Zucker glattrühren. Nach und nach das Mehl und das restliche Wasser zu einem starken Teig verarbeiten. Diesen etwa eine halbe Stunde auf die doppelte Größe gehen lassen. Teig dünn ausrollen und auf ein gut gefettetes Backblech legen. Mehl-Eiermasse auf dem Teig verstreichen, in feine Würfel geschnittenen Speck und in Streifen geschnittene Zwiebel zusammen mit dem Schnittlauch und dem Kümmel gleichmäßig auf dem Teig verteilen. Im vorgeheizten Backofen bei 250 Grad circa 20 Minuten backen.

Läßt der Koch die Hefe gehen,
wird er sie nie wieder sehen.

Grüne Nudeln mit Sahne

250g Grüne Nudeln
2 Zwiebeln
2 Scheiben Speck
1/4 Liter Sahne
Salz, Pfeffer, Muskatnuß

Grüne Nudeln abkochen, bis sie "al dente" sind. Kurz unter kaltem Wasser abschrecken. Speck und Zwiebeln fein würfeln, in einem Topf rösten, bis die Zwiebeln goldgelb sind. Sahne beigeben und mit den Gewürzen abschmecken. Das Ganze erhitzen, die Sahne sollte nicht kochen. Die Soße über die Nudeln geben und untermischen.

Bratkartoffeln mit Blut- und Leberwurst

300g Kartoffeln
1 Zwiebel
1 Scheibe Speck
1 Paar Blutwürste
1 Paar Leberwürste
Salz, Pfeffer

Die Kartoffeln mit der Schale kochen. (Siehe Pellkartoffeln Seite 60). Die Kartoffeln heiß schälen, abkühlen lassen und dann in kleine Würfel schneiden. Speck und Zwiebeln in einer Pfanne anrösten, die Kartoffelwürfel beigeben und anbraten, bis sie eine braune Kruste haben. Die Würste aus der Haut nehmen, etwas zerdrücken, unter die Kartoffeln geben und nochmal kurz anbraten. Dazu paßt hervorragend Ackersalat.

Frühlingsreis

2 Zwiebeln
1 Eßlöffel Butter
1 Tasse Reis
1 Tasse Wasser
1 gehäufter Teelöffel gekörnte Fleischbrühe
150g Fleischwurst
1 kleine Dose Erbsen
2 kleine Paprika (rot und grün)
1 Knoblauchzehe
1 Teelöffel Curry

Die Zwiebeln in der Butter leicht anbraten, den Reis beigeben und mit der gleichen Menge Wasser ablöschen. Fleischbrühe, Erbsen und die gewürfelte Fleischwurst beigeben. Circa zwei Minuten aufkochen lassen. Die Hitze soweit zurückdrehen, daß der Reis gart (er darf nicht kochen). Den Deckel auf den Topf setzen und den Reis solange garen lassen (circa 20 Minuten), bis das Wasser verdampft ist - dann ist er genau richtig. Circa 5 Minuten bevor der Reis fertig ist, die fein gewürfelten Paprikas und eine gepreßte Knoblauchzehe untermengen. Mit Curry abschmecken.

Kocht der Koch den Reis ganz locker,
haut´s die Chinesen glatt vom Hocker.

Tortellini mit Schinken und Sahne

200g Tortellini
2 Eßlöffel Butter
1 Zwiebel
100g gekochter Schinken oder Speck
1/4 Liter Sahne
1/2 Teelöffel gekörnte Fleischbrühe
100g geriebener Emmentaler
1 Dose Erbsen
Pfeffer schwarz
etwas Muskatnuß

Die Tortellini circa 20 Minuten weichkochen, danach unter kaltem Wasser kurz abschrecken. Für die Soße die Butter schmelzen lassen und die Zwiebeln darin anbräunen, darauf achten, daß die Butter nicht zu heiß wird. Den Schinken (Speck) würfeln und kurz mitbraten. Den Topf vom Feuer nehmen und die Sahne beigeben. Erhitzen, aber nicht zum Kochen kommen lassen. Die gekörnte Brühe beigeben und den Käse unter ständigem Rühren der Soße zugeben. Solange rühren, bis eine homogene Masse entstanden ist. Erbsen dazugeben. Mit Pfeffer und Muskatnuß abschmecken. Die Soße über die Tortellini geben. Dazu paßt sehr gut Tomatensalat.

Wenn der Koch die Soße bindet,
er hoffentlich die Schnur schnell findet.

Bratkartoffeln "Bruder Richards Art"

400g Kartoffeln
4 Scheiben durchwachsener Speck
2 Knoblauchzehen
2 Zwiebeln
1 Teelöffel Paprika edelsüß
1 Teelöffel Curry
Schnittlauch
Pfeffer
Salz

Die Kartoffeln waschen und schälen. Den Speck in dünne Streifen schneiden und in einer großen Pfanne langsam auslassen. Die Temperatur erhöhen und die in dünne Streifen geschnittenen Zwiebeln glasig werden lassen. Die rohen Kartoffeln in schmalen Scheiben in die Pfanne hobeln. Die Kartoffeln müssen nun immer wieder gewendet werden, bis sie weich sind und eine braune, knusprige Kruste besitzen. (Am besten trinkt man nebenher ein Weizenbier, da die Kartoffeln, um nicht anzubrennen, ständig beobachtet und gewendet werden müssen.) Circa 5 Minuten bevor man die Kartoffeln von der Feuerstelle nimmt, die feingehackten Knoblauchzehen sowie Paprika und Curry beigeben. Immer wieder vorsichtig wenden, mit Salz und Pfeffer abschmecken und mit frischem Schnittlauch garniert servieren. Dazu paßt gemischter Salat.

Stürzt der Koch ins Messer sich,
wetzt er´s vorher besser sich.

Chili con carne

400g gemischtes Hackfleisch, 3 Eßlöffel Olivenöl
4 Zwiebeln
1/8 Liter Wasser
2 Chilischoten
2 Knoblauchzehen
500g passierte Tomaten
1 Dose Kidney beans
1 Eßl. gekörnte Brühe
1 Teelöffel Oregano
1 Teelöffel Paprika rosenscharf
1 Lorbeerblatt
Cayennepfeffer
Salz

Olivenöl erhitzen, die gehackten Zwiebeln und das Hackfleisch gut anbräunen. Mit dem Wasser ablöschen, die feingehackten Chilischoten und Knoblauchzehen sowie die passierten Tomaten dazugeben. Gekörnte Brühe sowie die Gewürze und das Lorbeerblatt einrühren. Kidney beans beigeben und 40 Minuten schwach köcheln lassen. Mit Cayennepfeffer und Salz abschmecken. Dazu reicht man frisches Bauernbrot.

Schweinegeschnetzeltes

400g Nuß vom Schwein, fein geschnetzelt, 30g Butter, 2 Schalotten
1 Döschen Champignons, 1/8 Liter trockener Weißwein, 1/8 Liter Sahne
Salz, Pfeffer, 1 Eßlöffel gehackte Petersilie

Butter in einer großen Pfanne erhitzen, das fein geschnetzelte Fleisch unter ständigem Wenden 2 Minuten anbraten und die gehackten Schalotten beigeben. Mit Weißwein ablöschen, Champignons beigeben. Noch 3-4 Minuten köcheln lassen. Mit Salz und Pfeffer abschmecken, die Sahne unterrühren und mit Petersilie bestreuen. Dazu ißt man Spätzle und Salat.

Kässpätzle

Rezept für vier Personen:
500g Mehl
4 Eier
circa 1/16l Wasser
1 Teelöffel Salz
100g Butter
4 Zwiebeln
200g geriebener Emmentaler

Mehl, Eier und Salz verrühren, dabei langsam das Wasser zugeben. Den Teig kräftig schlagen, bis er Blasen wirft. 2 Liter Salzwasser zum Kochen bringen. Ein rechteckiges Holzbrettchen und ein langschneidiges Messer kurz eintauchen. Den Teig in kleinen Portionen auf das Brett geben und mit dem Messer schmale Streifen in das Wasser schaben. Jede Portion köcheln lassen, bis sie an der Oberfläche schwimmt. Mit einem Schaumlöffel herausnehmen und in kaltes Wasser legen, herausholen und gut abtropfen lassen. Die Zwiebeln in dünne Streifen schneiden und in einem Drittel der Butter bräunen. Die Spätzle schichtweise in eine feuerfeste Form geben, die zuvor mit einem Drittel der Butter eingefettet wurde. Jede Schicht wird mit Käse, Zwiebeln und Butterflöckchen aus dem restlichen Drittel der Butter bestreut. Die Spätzle in dem auf 200 Grad vorgeheizten Ofen circa 20 Minuten überbacken. Bemerkung: Wer Knoblauch liebt, sollte es mal mit Knoblauchspätzle versuchen. Gleiches Rezept, unter den Teig werden jedoch vier gepreßte Knoblauchzehen gerührt, weitere zwei Zehen kommen feingehackt unter die Schichten.

Kocht der Koch die Reste auf,
regt das meist die Gäste auf.

Schnapperburger (nach Art des Steve)

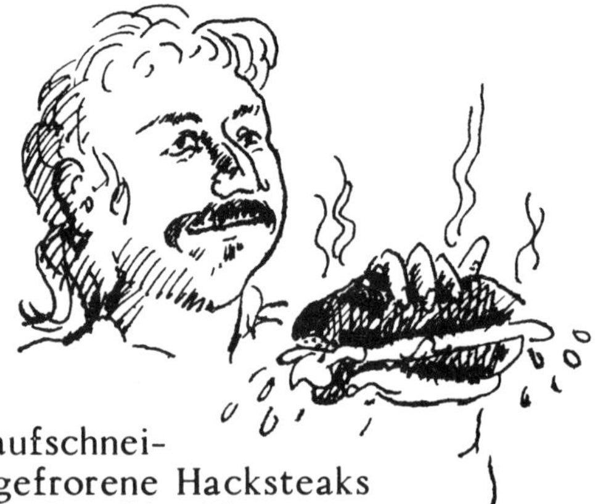

1 großes Baguette
4 gebratene Fleischküchle
(oder tiefgefrorene Hacksteaks)
4 Scheiben Käse
1/2 Zwiebel
Gurkenscheiben, gewaschene Salatblätter
2 Tomaten in Scheiben, 1 hartes Ei in Scheiben, Mayonnaise, Ketchup

Das Baguette halbieren und der Länge nach aufschneiden. Die Fleischküchle dazwischenlegen (tiefgefrorene Hacksteaks müssen vorher angebraten werden). Auf jedes Fleischküchle eine Scheibe Käse und Zwiebelringe. Das Ganze in den auf 200 Grad vorgeheizten Ofen schieben und circa 15 Minuten heiß werden lassen. Die heißen Baguettes herausnehmen, den Deckel abnehmen, reichlich Salatblätter auflegen, die Gurken-, Eier- und Tomatenscheibchen dazu, Ketchup und Mayo darüber, Deckel drauf und heiß essen.

Gulasch "Sepp´s Art"

300g gemischtes Gulasch
2 Eßlöffel Fett, 300g Zwiebeln
1/4 Liter Rotwein, 1/2 Liter Wasser,
2 Eßlöffel Tomatenmark, Pfefferkörner,
1 Lorbeerblatt, 2 Gewürznelken, Paprika

Das Fett in einem Topf erhitzen, das Gulasch darin unter ständigem Wenden scharf anbraten, die geschnittenen Zwiebeln beigeben und kurz anbraten, mit dem Wasser und dem Wein ablöschen. Die Gewürze und Tomatenmark beigeben und etwa anderthalb Stunden das Gulasch köcheln lassen. Eventuell Wasser nachfüllen. Dazu ißt man Weißbrot oder Salzkartoffeln und Essiggurken.

Würzt der Koch das Gulasch scharf,
nimmt er den Wetzstein bei Bedarf.

Rindsrouladen

2 Rindsrouladen à 200g
Senf, Pfeffer, Salz
2 dünne Scheiben fetter Speck
1 Essiggurke, 2 Zwiebeln
1 Eßlöffel Fett, 1/4 Liter Wasser
1/8 Liter Rotwein, 1 Lorbeerblatt
1 Teelöffel gekörnte Fleischbrühe
1/2 Teelöffel Paprika edelsüß
1/8 Liter Sahne

Die Rouladen ausbreiten und mit Senf bestreichen, mit Pfeffer und wenig Salz bestreuen. Die Speckscheibe drauflegen, die Gurke und die Zwiebeln in Streifen schneiden. Die Rouladen mit den Gurken und einem Teil der Zwiebeln belegen, wobei Anfang und Ende der Roulade nicht belegt werden sollten. Nun die Roulade aufrollen und mit Zahnstochern zusammenhalten. Fett in einem Topf erhitzen und die Rouladen rundherum gut bräunen. Die restlichen Zwiebeln beigeben und mit Rotwein und Wasser ablöschen. Gekörnte Brühe, Paprika und das Lorbeerblatt hinzufügen. Die Rouladen nun zugedeckt circa 80 Minuten bei milder Hitze schmoren lassen. Zum Schluß die Sahne beigeben, nicht mehr aufkochen lassen. Dazu schmecken sehr gut Spätzle oder Kartoffelpüree, als Gemüsebeilage empfiehlt sich Rosenkohl.

Grillt der Koch den Wasserhahn, klagt ihn prompt der Tierschutz an.

Saure Bohnen

400g zarte Bohnen
1 Zwiebel
circa 50g Butter
1 Eßlöffel Mehl
1 Teelöffel gekörnte Brühe, 1/2 Teelöffel Bohnenkraut, Pfeffer, Salz, Essig

Die Bohnen waschen und putzen, das heißt Stengel und gegebenenfalls Fäden entfernen. Die Bohnen in reichlich Salzwasser 20 Minuten garen, herausnehmen und kalt abschrecken (dann bleiben sie schön grün). Die Butter in einem Topf erhitzen, die feingehackten Zwiebeln und das Mehl darin gut anbräunen. Das Ganze vorsichtig mit dem Kochsud unter ständigem Rühren ablöschen, bis eine sämige Soße entsteht. Gekörnte Brühe, Bohnenkraut und die Bohnen beigeben, mit Pfeffer, Salz und Essig würzig abschmecken. Dazu passen Spätzle.

Pellkartoffeln mit Quark

6 heiße Pellkartoffeln (siehe Seite 63)
500g Magerquark, etwas Milch, 1/2 Salatgurke
1 Bund Schnittlauch gehackt
1 kleiner roter Paprika fein gewürfelt
1 Zwiebel fein gewürfelt, Pfeffer, Salz
Aromat, Maggi

Den Quark mit etwas Milch anrühren. Gurke, Zwiebel, Schnittlauch, Paprika unterrühren. Mit Pfeffer, Salz, Maggi und Aromat würzig abschmecken.

Brät der Koch den Fisch mit Butter,
ist betrübt des Fisches Mutter.

Leber mit Äpfeln

350g geschnittene und gesäuberte Rinds- oder Kalbsleber
150g Äpfel
2 kleine Zwiebeln in Ringe geschnitten
Fett, Salz

Die Äpfel schälen, entkernen und in dicke Scheiben schneiden. Das Fett in der Pfanne erhitzen, Äpfel und Zwiebeln leicht anrösten und an den äußeren Pfannenrand schieben. Die Leberstücke hineingeben und beidseitig gut bräunen lassen (etwa 6 Minuten). Erst nach dem Anbraten leicht salzen. Äpfel und Zwiebeln, damit sie nicht anbrennen, des öfteren wenden. Als Beilage eignen sich Kartoffelbrei oder Bratkartoffeln.

Rahmkartoffeln

500g Kartoffeln
1 kräftiger Schuß Sahne
1 Eßlöffel Butter
1 Eßlöffel Mehl
1/4 Liter Milch
Salz

Die gekochten, geschälten Kartoffeln in Scheiben schneiden. Die Butter erhitzen, das Mehl leicht bräunen und mit der Milch ablöschen. Die Kartoffeln hineingeben, leicht salzen und das Ganze noch einmal kurz aufkochen lassen, die Sahne beigeben. Dazu ißt man rote Beete-Salat.

Schläft der Koch beim Kochen ein,
wird er sicher müde sein.

Aufläufe - Ohne Auflauf läuft nichts

Kartoffelauflauf

5 gekochte Kartoffeln, 2 Zwiebeln, 3 Scheiben Speck, 1 Eßlöffel Butter 1 kleine Dose Erbsen, 150g geriebener Emmentaler, 2 harte Eier, 1/4l Sahne 1/2 Teel. Paprika, Pfeffer, 1/2 Teel. Dill, 1 Messerspitze Muskatnuß, Salz

Die Kartoffeln und die Zwiebeln in dünne Scheiben schneiden. Den Speck würfeln und braun anbraten. Eine kleine Auflaufform mit der Butter einfetten. Schichtweise nun Kartoffeln, Zwiebeln, Erbsen, Speck und Käse übereinanderlegen. Dieses wiederholen und die letzte Schicht mit Kartoffeln abschließen. Die Eier halbieren und mit der Eigelbseite auf die letzte Kartoffelschicht legen. Diese letzte Schicht kräftig mit Käse bedecken. Die Sahne mit dem Paprika, dem Pfeffer, dem Dill, der Muskatnuß und etwas Salz verrühren und gleichmäßig über den Auflauf verteilen. Das Ganze in den vorgeheizten Backofen schieben und bei circa 200 Grad etwa 40 Minuten backen lassen. Dazu paßt grüner Salat.

Muß der Koch sich übergeben,
macht er´s hoffentlich daneben.

Kuta-Sahne-Auflauf

1 Kuta (oder Zucchini) circa 500g
1/8 Liter Sahne
250g geriebener Emmentaler
1 Eßlöffel Mehl, 50g Butter, Pfeffer, Salz, Majoran

Kuta (Zucchini) schälen und aufschneiden, Kerne und Fasern entfernen. Die Stücke in dünne Scheiben schneiden. Eine Auflaufform mit Butter einreiben und die Sahne hineingießen. Ein Viertel der Kutascheiben hineinlegen, darüber Salz, Pfeffer, Majoran und 1 Eßlöffel Mehl streuen. Die Schicht mit Butterflocken und Käse bestreuen. 3 Schichten in dieser Weise übereinanderlegen, wobei die letzte Schicht kräftig mit Käse bestreut wird. Die Auflaufform zudecken und bei circa 200 Grad eine dreiviertel Stunde backen. Die Abdekkung abnehmen und nochmals backen, bis die Käseschicht schön braun geworden ist.

Tomatenauflauf

4 große Tomaten
350g Mozzarella
6 Scheiben Toast oder Weißbrot
1 kleine Zwiebel, 2 Eßlöffel Olivenöl, Salz schwarzer Pfeffer, Basilikum, Oregano

Die gewaschenen Tomaten und den Mozzarella in Scheiben schneiden. Das Weißbrot würfeln und in 1 Eßlöffel heißem Olivenöl in der Pfanne bräunen. Die Würfel in eine feuerfeste Form geben und mit den Tomaten und dem Käse bedecken. Mit etwas Salz, reichlich Pfeffer, Basilikum und Oregano bestreuen. Das Ganze mit 1 Eßlöffel Olivenöl beträufeln und dann in den auf 200 Grad vorgeheizten Backofen schieben. Circa 20 Minuten backen. Dazu trinkt man am besten ein herbes, kühles Pils.

Ein Haar vom Koch im Frikassee,
ist besser als das ganz Toupet.

Frühlingsauflauf

3 Tomaten
4 Eier
20g Butter
1/2 Dose Erbsen
50g Mehl
gehackte Petersilie
1 Teelöffel Paprika
1 Teelöffel Zucker
Salz

Das Mehl in circa 1/8 Liter kaltes Wasser einrühren, viel gehackte Petersilie, eine starke Prise Salz, den Zucker und das Paprikapulver zufügen. Die Tomaten häuten - dazu schneidet man die Tomaten gegenüber dem Stielansatz kreuzweise ein, man übergießt sie dann mit kochendem Wasser und zieht die Haut gleich ab. Die Tomaten halbieren, die Kerne mit einem Löffel herausnehmen, die Hälften in Viertel schneiden. Die Eier in die Mehlmasse einrühren und locker schlagen. Eine feuerfeste Form mit der Butter ausreiben. Tomaten und Erbsen in die Mehlmasse einrühren und in die Form gießen. Im Ofen bei circa 160 Grad etwa 30 Minuten backen.

Im Frühling kocht der Koch die Suppe auf vom Winter noch.

Rosenkohlauflauf

400g Rosenkohl
1 Zwiebel
2 Scheiben Speck
2 Kartoffeln
2 harte Eier
20g Butter
1/8 Liter Sahne
150g geriebener Emmentaler
Muskatnuß, Paprika edelsüß
Pfeffer, Salz

Den Rosenkohl in Salzwasser knappe 10 Minuten kochen. Speck und Zwiebel fein schneiden. Die Auflaufform mit der Butter einfetten. Den Rosenkohl in die Auflaufform geben, Speck, Zwiebeln und 50g Käse darüber verteilen. Die Eier in dünne Scheiben schneiden und darüberlegen. Die Kartoffeln in ganz feine Scheiben hobeln und auf die Eier schichten. Abschließend den restlichen Käse darüberstreuen. Die Sahne mit den Gewürzen kräftig abschmecken und gleichmäßig über den Auflauf verteilen. In den auf 200 Grad vorgeheizten Backofen schieben und circa 20 Minuten mit Deckel und weitere 20 Minuten ohne Deckel backen, bis die Käseschicht schön braun ist.

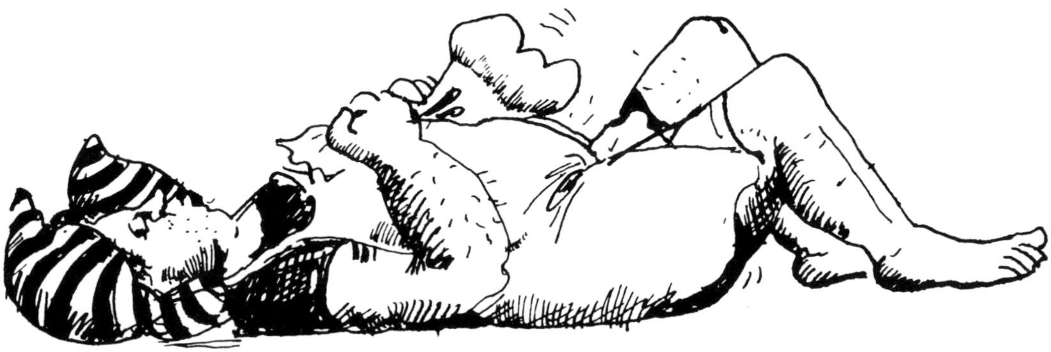

Bläht´s den Koch zur Abendstund,
ist die Verdauung hübsch gesund.

Nudelauflauf

200g kurze Nudeln
1 kleine Dose Erbsen
2 Zwiebeln
150g gekochter Schinken
1 kleiner roter Paprika
1 kleiner grüner Paprika
150g geriebener Emmentaler
Circa 30g Butter, 1/8 Liter Sahne
1/2 Teelöffel Salz, 1/2 Teelöffel Paprika
Pfeffer

Die Nudeln in reichlich Salzwasser "al dente" kochen, kalt abspülen und in einem Sieb gut abtropfen lassen. Die Zwiebeln und den Schinken fein würfeln und in etwas Butter leicht anbraten. Die Paprikaschoten säubern und fein würfeln. Die Nudeln nun mit den Erbsen, dem Schinken und den Zwiebeln sowie mit den gewürfelten Paprikaschoten und circa 100g vom geriebenen Käse mischen. Diese Mischung in die mit Butter gefettete Aufform geben. Die Sahne mit den Gewürzen fein abschmecken und über den Auflauf verteilen. Abschließend den restlichen Käse aufstreuen. Im auf circa 180 Grad vorgeheizten Ofen etwa 30 Minuten erhitzen, der Käse muß schön braun werden.

Brät der Koch nur Sojaschnitzel,
ist er sicher Öko-Spitzel.

Erbsenstich

1 Dose Erbsen
1 Zwiebel
4 Eier
3 Eßlöffel Sahne
20g Butter
1/4 Teelöffel Muskatnuß
1/2 Teelöffel Paprika edelsüß
Salz

Die Eier mit den Gewürzen verrühren, die fein gewürfelten Zwiebeln untermischen. Die Erbsen dazugeben. Die Auflaufform mit Butter fetten und die Masse dazugeben. Deckel darauf und das Ganze in den auf circa 160 Grad vorgeheizten Backofen stellen. Dazu stellt man einen großen Topf mit Wasser, ohne Deckel. Den Eierstich circa 30 Minuten stocken lassen.

Wenn der Koch die Gäste züchtigt,
ist er schon bald berühmt-berüchtigt.

Gemüse - Junges, Zartes, Frisches

Egal von welchem Gemüse man spricht, man versieht es immer nur mit äußerst positiven Eigenschaften. Die Begeisterung für Gemüse geht nicht nur von seiner Vielfalt aus, es präsentiert sich uns auch in den verschiedensten Formen und Farben. Die Vielfältigkeit der Düfte scheint das Farbenspektrum sogar noch zu überbieten.
Gemüse ist immer für eine Überraschung gut. Ich entdeckte unlängst auf einem Gemüsemarkt eine Kartoffel, die mit einem ehemaligen Mathematiklehrer aus meiner rühmlichen Gymnasialzeit frappierende Ähnlichkeit besaß. Sie war jedoch als Einzelstück leider nicht käuflich zu erwerben.

Blumenkohl

Den Blumenkohl gut waschen, die dunklen Stellen entfernen, den Strunk abschneiden. In einzelne Röschen teilen. Die Röschen in leicht gesalzenem Wasser weichkochen (circa 10 - 15 Minuten). Mit gesalzener Butter übergießen.

Überbackener Blumenkohl

1 Blumenkohl
1 Eßlöffel Butter, 1/2 Eßlöffel Mehl, Salz
1/4 Liter Milch, Muskatnuß, geriebener Emmentaler

Den ganzen geputzten Blumenkohl 20 bis 30 Minuten weichkochen. Butter erhitzen, Mehl einrühren, Milch unter Rühren beigeben und würzen. Blumenkohl in eine gefettete Auflaufform geben. Die Soße über den Blumenkohl verteilen und mit Käse bestreuen. Bei 200 Grad etwa 25 Minuten im Ofen überbacken.

Lauch

4 Stangen Lauch
1 Teelöffel gekörnte Brühe
1 Schuß Sahne

Die dunkelgrünen Blätter entfernen. Die Lauchstangen in dünne Rädchen schneiden, in etwas Wasser mit der gekörnten Brühe bei geschlossenem Dekkel weichkochen. 1 Schuß Sahne unterrühren.

Lauchrollen

4 Lauchstangen
4 Scheiben gekochter Schinken
etwas Butter
für die Soße:
1 Eßlöffel Butter
1/2 Eßlöffel Mehl
1/4 Liter Milch
geriebener Emmentaler
Muskatnuß
Pfeffer
Salz

Circa 15 cm vom unteren Teil des Lauches abschneiden, gut waschen und in kochendem Salzwasser halbweich kochen. Die Lauchstangen in den gekochten Schinken wickeln und in eine gefettete Auflaufform geben. 1 Eßlöffel Butter erhitzen, Mehl einrühren und mit der Milch aufkochen lassen, mit Pfeffer, Salz und Muskatnuß abschmecken. Diese Soße gibt man über die Lauchrollen, mit geriebenem Käse bestreuen, im Backofen bei 200 Grad etwa 30 Minuten überbacken.

Leert der Koch auf´s Hemd den Most,
lacht´s Krokodil - das von Lacoste.

Rosenkohl

300g Rosenkohl
1 Eßlöffel Butter
Salz, Aromat

Die Röschen von den äußersten und den schlechten Blättern befreien, den Strunk kürzen. In 1/2 Liter Salzwasser circa 15 bis 20 Minuten weichkochen. Die Röschen mit geschmelzter Butter übergießen und leicht würzen.

Rosenkohl mit Käse-Sahnesoße

300g weichgekochter Rosenkohl (wie oben)
1/8 Liter Sahne
etwa 50g Emmentaler gerieben
Pfeffer, Salz, Muskatnuß

Die Sahne erhitzen und unter Rühren den Käse einstreuen. Schwach köcheln lassen, bis der Käse sich aufgelöst hat, die Gewürze unterrühren. Über den heißen Rosenkohl gießen.

Fenchel

2 Fenchelknollen
2 Teelöffel Butter

Von den Knollen die äußerste Blätterschicht entfernen, gründlich waschen und halbieren. Die Knolle in Butter bei milder Hitze kurz dünsten, mit Wasser ablöschen und je nach Größe 20 bis 30 Minuten zugedeckt garen.

Liegt der Koch im Hauptgericht,
verlor er wohl das Gleichgewicht.

Erbsen

1 Eßlöffel Butter, 1 Teelöffel gekörnte Brühe, Salz, Zucker

Erbsen aus den Hülsen lösen, in der Butter andünsten, mit Wasser ablöschen, gekörnte Brühe, Salz und Zucker nach Geschmack beigeben. Circa 20 Minuten weichkochen lassen.

Erbsen in Sahnesoße

400g Erbsen
1 Scheibe Speck
1 Zwiebel
1/4 Liter Sahne
1/2 Knoblauchzehe
1/2 Teelöffel Brühe
1/2 Teelöffel Zucker
Pfeffer

Die Erbsen aus der Schote nehmen. Den Speck und die Zwiebel fein würfeln. Den Speck auslassen, die Zwiebeln beigeben und andünsten. Mit der Sahne ablöschen, die zerdrückte Knoblauchzehe und die übrigen Zutaten beigeben. Die Erbsen mit geschlossenem Deckel bei milder Hitze circa 20 Minuten garen.

Bohnen

Die gewaschenen Bohnen vom Stielansatz und der Spitze befreien, gegebenenfalls Fäden abziehen und brechen. Salzwasser zum Kochen bringen, die Bohnen hineingeben und etwa 15 Minuten garen. Die Bohnen aus dem kochenden Wasser nehmen und kurz kalt abschrecken. Die Bohnen in heißer Butter schwenken.

Sieht der Koch nicht das Ragout,
hat er wohl die Augen zu.

Bohnen in Specksoße

400g gekochte Bohnen (siehe vorherige Seite)
1 Eßlöffel Butter
1 Scheibe Speck
1 Zwiebel gehackt
1/2 Eßlöffel Mehl
1/4 Liter Milch
1/2 Teelöffel gekörnte Brühe
viel Bohnenkraut
Salz, Pfeffer

Die Butter erhitzen, die Zwiebeln und den fein gewürfelten Speck darin bräunen. Mit Mehl bestäuben, mit der Milch unter Rühren ablöschen. Aufkochen lassen, die gekörnte Brühe beigeben, die Gewürze und Kräuter unterrühren und die gekochten Bohnen dazugeben.

Sieht der Koch ´nen andern Koch,
steht er vor dem Spiegel noch.

Gelbe Rüben

400g gelbe Rüben
1 gehackte Zwiebel
gehackte Petersilie
gekörnte Brühe
1/2 Teelöffel Zucker
1 Schuß Sahne
Butter

Die Rüben waschen und schaben, in dünne Rädchen schneiden. Die Butter erhitzen, die gehackten Zwiebeln und Petersilie andünsten. Die Rüben hineingeben, mit etwas Wasser ablöschen, mit der gekörnten Brühe und dem Pfeffer würzen. Bei schwacher Hitze mit geschlossenem Deckel weichgaren lassen. Mit einem Schuß Sahne abschmecken.

Kohlrabi

4 kleine Kohlräbchen
1 Eßlöffel Butter
1 gehackte Zwiebel
1/2 Eßlöffel Mehl
Schuß Sahne, Salz

Die Kohlräbchen von den äußeren Blättern befreien und schälen. Die zarten Blätter waschen und in feine Streifen schneiden. Die Kohlrabiknolle zerteilen und in feine Scheibchen schneiden. Die Kohlrabi und die Blätter in Salzwasser etwa 15 Minuten weichkochen. Die Gemüsebrühe nicht wegschütten. Die Butter erhitzen, die Zwiebeln bräunen, mit Mehl bestäuben, mit der Gemüsebrühe unter Rühren ablöschen. Kohlrabi und Blätter beigeben. Kurz aufkochen lassen, salzen und mit einem Schuß Sahne abschmecken.

Wäscht der Koch den Kopfsalat,
hat er das Shampoo stets parat.

Schnelle Sachen für den Rachen

Heutzutage, im Zeitalter von Computern, 12 Zylinder-Limousinen und Überschall-Passagierflugzeugen muß alles schnell gehen. Aber nicht um diesem Zeitgeist Rechnung zu tragen, sondern um gute Gerichte anzubieten, die man auch in einer kurzen Pause kochen kann, habe ich dieses Kapitel eingeschoben.

Rührei

4 Eier, 1 Eßlöffel Butter, 1 Zwiebel, 100g gekochter Schinken, Schnittlauch Pfeffer, Paprika, Salz, 1 Schuß kohlensäurehaltiges Mineralwasser

Die 4 Eier mit einer Gabel leicht verrühren (es sollte keine homogene Masse entstehen). Einen Schuß kohlensäurehaltiges Mineralwasser unterrühren, damit das Rührei lockerer wird. Zwiebel und Schinken würfeln und mit etwas Butter in einer Pfanne anbraten. Die Eiermasse sowie die Gewürze beigeben und unter ständigem Rühren die Eier stocken lassen, bis eine weiche, großflockige Masse entstanden ist. Den frischen Schnittlauch darüberstreuen. Dazu paßt Weißbrot mit Salat und ein kühles Bier.

Männeressen

300g kurze Nudeln, Butter
200g Fleischwurst, Pfeffer
1 Bund Schnittlauch
1 Zwiebel, Salz

Die Nudeln in Salzwasser "al dente" kochen, kalt abspülen und abtropfen lassen. Die Fleischwurst in dünne Streifen schneiden, die Zwiebeln fein würfeln. Beides in einer Pfanne mit reichlich Butter leicht bräunen. Die Nudeln beimengen und nochmals kurz anbraten, mit Salz und Pfeffer abschmecken und mit frischem Schnittlauch garnieren. Dazu paßt frischer Salat.

Spaghetti mit Tomatensoße

250g Spaghetti
1 Dose geschälte Tomaten
1 Zwiebel
2 Knoblauchzehen
4 Eßlöffel Olivenöl
Oregano, Basilikum
Pfeffer, Parmesan

Die Spaghetti in reichlich Salzwasser, dem 1 Eßlöffel Olivenöl beigegeben ist (damit sie nicht zusammenkleben), in circa 12 Minuten "al dente" kochen. In ein Sieb geben und abtropfen lassen. Die Tomaten fein zerdrücken, die Flüssigkeit nicht wegschütten. Zwiebel und Knoblauch fein hacken und in heißem Olivenöl glasig braten, ohne daß sie bräunen. Mit der Tomatenflüssigkeit ablöschen, die Tomaten, etwas Oregano und kräftig Basilikum beigeben. Die Soße mit Pfeffer abschmecken und mit Parmesankäse zu den Spaghetti reichen. Dazu paßt Ackersalat und roter Landwein.

Knoblauchspaghetti

300g Spaghetti
5 Knoblauchzehen
Basilikum, Pfeffer
Olivenöl

Die Spaghetti in Salzwasser mit einem Schuß Olivenöl circa 12 Minuten "al dente" kochen. Abtropfen lassen. Die Knoblauchzehen in feine Scheiben schneiden und in reichlich, mäßig heißem Olivenöl nur ganz leicht bräunen lassen, denn stark gebräunter Knoblauch schmeckt bitter. Die gut abgetropften Spaghetti darin schwenken und mit Basilikum bestreuen. Dazu kann man Tomatensalat und ein frisches Bier reichen.

Kocht der Koch bei Regenschauer,
wird die Soße sicher sauer.

Spaghetti mit Champignon-Rahmsoße

250g Spaghetti
100g frische Champignons
(oder 1 kleine Dose)
circa 100g geriebener Emmentaler
knapp 1/4 Liter Sahne
Petersilie, schwarzer Pfeffer
Muskatnuß

Die Spaghetti in Salzwasser mit einem Schuß Olivenöl "al dente" kochen und gut abtropfen lassen. Die Champignons putzen und in feine Streifen schneiden. Die Stiele werden mitverwendet. Die Sahne zum Köcheln bringen und unter ständigem Rühren den Käse beigeben. Die geputzten und geschnittenen Champignons beigeben und kurz mitköcheln lassen. Mit viel Petersilie, etwas Pfeffer und Muskatnuß abschmecken. Die Soße über die Spaghetti geben. Dazu schmeckt sehr gut Kopfsalat und Weißwein.

Sticht der Koch ins Auge sich,
läuft es aus - ins Hauptgericht.

Grießnudeln mit Pflaumen

200g Bandnudeln
2 gehäufte Eßlöffel Weizengrieß
1 Glas eingemachte Pflaumen
50g Butter, 1 Prise Salz

Die Nudeln in Salzwasser "al dente" kochen, kalt abschrecken und gut abtropfen lassen. Die Butter in einer Pfanne erhitzen, den Grieß beigeben und in der Butter wenden. Die Nudeln beigeben, leicht salzen und alles kurz anbraten. Der Grieß sollte an den Nudeln hängen bleiben. Zusammen mit den Pflaumen servieren.

Pfannkuchen

125g Mehl
2 Eier
1/4 Liter Milch
1 Prise Salz

Sämtliche Zutaten zu einem glatten Teig verarbeiten und in etwas Butter zu dünnen Pfannkuchen ausbacken, bis sie beidseitig goldgelb sind (pro Seite circa 2 Minuten). Diese Pfannkuchen eignen sich sehr gut zum Füllen. Versuchen Sie´s mal mit Marmelade oder Nougatcreme, mit geschlagener Sahne oder, wenn Sie´s lieber würziger mögen, mit Schinken und Zwiebeln, mit Salatblättern und Tomaten, mit Spargeln, mit gedünsteten Champignons, ...

Schlägt der Koch die Fliegen tot,
legt er sie aufs Butterbrot.

Knoblauchbaguette

1 Baguette
100g weiche Butter
2 Knoblauchzehen gepreßt
1 Bund Schnittlauch
etwa 50g geriebener Emmentaler
Paprika edelsüß
Pfeffer
Curry
Salz

Das Baguette etwa alle 3 cm einschneiden, aber nicht durchschneiden. Die weiche Butter mit dem gepreßten Knoblauch, dem fein gehackten Schnittlauch und den Gewürzen nach Geschmack anrühren. Mit einem Teelöffel die Masse portionsweise zwischen die Brotscheiben geben, Emmentaler ebenfalls dazwischen streuen. Das Baguette in eine Alufolie einwickeln und in den auf circa 200 Grad vorgeheizten Backofen schieben. Etwa nach 20 Minuten das Knoblauchbaguette herausnehmen und heiß servieren. Dazu paßt Salat und Rotwein.

Spiegelei auf Toast

1 Eßlöffel Butter
4 Eier
4 Scheiben Toastbrot
Salatblätter, Zwiebelringe
Pfeffer, Salz
Paprika edelsüß

Die Eier in der Butter zu Spiegeleiern anbraten, mit Pfeffer, Salz und Paprika würzen. Die Brotscheiben in der Pfanne mit etwas Butter beidseitig leicht anrösten. Salatblätter und die Zwiebelringe auf die Toastscheiben legen und das Spiegelei daraufgeben.

Wenn ich imponieren will

Es gibt Situationen, in denen man einfach gut dastehen will. Sei´s, daß die Schwiegereltern sich plötzlich zu einer "Stippvisite" ansagen, die neue Freundin oder der neue Galaner zum Essen eingeladen werden will. Hier empfiehlt es sich nicht, teigige Supermarkt-Brötchen aus dem Zehnerpack mit einem Eck Streichkäse zu kredenzen, vielmehr hinterläßt es bleibenden Eindruck, wenn man Selbstgekochtes und nicht Alltägliches auf den Tisch stellen kann. Die nachfolgenden Rezepte sollen jedoch nicht nur dazu dienen, einen sogenannten "Schwiegermutterbonus" zu erkochen, sie schmecken auch fantastisch und machen das Essen zum Erlebnis.

Coq à la Burgund

Zutaten für 4 Personen:
8 große Hähnchenkeulen, 80g Butter
200g geräucherten Speck, 2 Tassen Fleischbrühe
1/2 Flasche roter Sekt (Spätburgunder)
3 große Zwiebeln
5 Knoblauchzehen
1 kl. Bund Petersilie
400g frische Champignons, 1 Lorbeerblatt, 2 Teelöffel Thymian
1/2 Teelöffel Pfeffer, 3 Eßlöffel Tomatenmark, Salz, 2 Teelöffel Mondamin

Den Speck fein würfeln und bei schwacher Hitze das Fett in einer großen Kasserolle auslassen. Die Speckwürfel herausnehmen, Butter und das ausgelassene Fett erhitzen. Die Hähnchenkeulen darin beidseitig braun anbraten. Mit der Fleischbrühe und dem Sekt ablöschen, die fein gehackten Zwiebeln und den Knoblauch (so fein wie möglich), den Speck und die Gewürze sowie das Tomatenmark zugeben. Die Pilze putzen, die Stiele herausdrehen, in dünne Scheiben schneiden und der Soße zugeben. Das Ganze circa 35 Minuten bei geschlossenem Deckel köcheln lassen. Die Pilzhütchen in dünne Scheiben schneiden und zusammen mit der fein gehackten Petersilie vorsichtig unter die Soße rühren, nochmals 5 Minuten köcheln lassen. Zum Schluß die Soße andicken, indem man das Mondamin in etwas kaltem Wasser glattrührt, der Soße beigibt und unter Rühren kurz aufkochen läßt. Coq à la Burgund serviert man mit körnigem Reis und trockenem Sekt.

Gefüllte Paprika

2 große, grüne Paprika
1 kleiner, roter Paprika
300g gemischtes Hackfleisch
1 kleine Zwiebel
1 kleine Dose Mais
1 Tomate
500g passierte Tomaten
2 Eßlöffel Olivenöl, 1 Teelöffel Zucker,
1 Teelöffel Oregano, Pfeffer, Salz

Von den beiden großen Paprikaschoten den Deckel abschneiden und das Gehäuse entkernen. Die kleine Paprikaschote säubern, entkernen und in kleine Würfel hacken. Die Tomate und die Zwiebel ebenfalls so klein wie möglich zerhacken. Den Mais, die Tomate, die Zwiebeln und die gehackte Paprikaschote nun unter das Hackfleisch arbeiten, mit Pfeffer, Salz und etwas Oregano würzen. Die Masse in die Paprikaschoten füllen und mit dem Deckel schließen.
In einem Topf das Olivenöl erhitzen und den Rest der Füllmasse anbraten. Mit den passierten Tomaten ablöschen, die Soße mit Zucker, Oregano, Pfeffer und Salz abschmecken. Die gefüllten Paprikaschoten in die Soße legen und bei geschlossenem Deckel circa 50 Minuten köcheln lassen. Dazu reicht man Reis und ein kühles Bier.

Wenn der Koch im Kochsud sitzt,
er gerne in der Achsel schwitzt.

Seelachsfilet in Dillsoße

2 große Filetstücke vom Seelachs
(gibt es auch tiefgefroren)
1 Eßlöffel Butter
Zitronensaft
Salz, Pfeffer
Für die Soße:
1 Eßlöffel Butter
1/2 Eßlöffel Mehl
knapp 1/8 Liter Weißwein, 1/8 Liter Sahne
1 Bund frischer Dill, weißer Pfeffer, Salz

Die Filetstücke mit Zitronensaft einreiben, salzen und pfeffern und in Mehl wenden. Die Butter in einer Pfanne erhitzen und den Fisch in die heiße Butter geben. Den Fisch auf beiden Seiten 1 Minute anbraten. Dann unter öfterem Wenden ihn weitere 10 Minuten anbraten. Den Fisch herausnehmen.
Die Soße: Man kann sie leicht zwischen dem "Fischwenden" zubereiten, wenn man alle Zutaten vorbereitet hat. Die Butter in einem Töpfchen erhitzen, das Mehl einrühren und goldgelb werden lassen. Den Topf vom Feuer nehmen und das Mehl mit dem Weißwein unter ständigem Rühren wieder zum Köcheln bringen. Den feingehackten Dill, etwas Pfeffer und Salz unterrühren. Die Soße über den Fisch geben. Als Beilage eignen sich in Butter geschwenkte Salzkartoffeln, dazu trinkt man am besten einen spritzigen Weißwein.

Wenn der Koch die Suppe toastet,
der Toaster ziemlich schnell verrostet.

Kartoffelsuppe mit Pilz

100g frische Champignons oder Pfifferlinge
2 Scheiben Speck, 1 Zwiebel, 1 Knoblauchzehe
1 Stange Lauch, 4 Kartoffeln, 1/8 Liter Sahne
1 Eigelb, 1 Eßlöffel gekörnte Brühe
Salz, Pfeffer, Petersilie

Die Pilze putzen und in dünne Scheiben schneiden. Die Kartoffeln schälen und würfeln. Den Lauch putzen und in dünne Ringe schneiden. Den Speck fein würfeln und in einem Topf das Fett auslassen, die feingehackten Zwiebeln darin leicht bräunen. Die Pilze und die feingehackte Knoblauchzehe beigeben. Die Suppe mit geschlossenem Deckel circa 20 Minuten köcheln lassen. Dann mit Salz und Pfeffer abschmecken, gehackte Petersilie unterrühren. Sahne und Eigelb verrühren. Die Suppe vom Feuer nehmen und die Sahne-Eigelbmasse einrühren. Die Suppe nicht mehr aufkochen, sonst gibt´s Flocken.

Pizza Fantastica

Zutaten für 4 Personen:
Teig siehe Seite 17 bei Rezept "Dennet"
Belag: 2 Eßlöffel Tomatenmark, 2 Eßlöffel Olivenöl, 3 feingehackte Knoblauchzehen
1 Teelöffel Oregano, 1/2 Teelöffel Curry,
1 Teelöffel Salz, 1/2 Teelöffel Pfeffer
1 Teelöffel Zucker, 100g Salami geschnitten
4 Tomaten, 1 große Paprikaschote rot
1 kleine Paprikaschote grün, 1 kleine Dose Champignons, 100g gekochter Schinken
3 harte Eier, 2 Zwiebeln
300g geriebener Emmentaler

Den Teig wie auf Seite 17 (Dennet-Rezept) zubereiten und gehen lassen. Den

Wenn der Koch die Küche fegt,
ist die Pizza schnell belegt.

Teig dünn ausrollen und auf ein mit Olivenöl gefettetes Backblech heben. Tomatenmark, gehackte Knoblauchzehen, Oregano, Curry, Salz, Pfeffer, Zucker und das Öl zu einer homogenen Masse verrühren und auf dem Teig verteilen. Die geschnittene Salami gleichmäßig auflegen. Die Tomaten in Scheiben und die geputzten Paprikaschoten in Streifen schneiden und auf die Salami geben. Die Pilze in dünne Scheiben schneiden, den Schinken würfeln und dazugeben. Die harten Eier und die Zwiebeln ebenfalls in dünne Scheiben schneiden und gleichmäßig über die Pizza verteilen. Zum Abschluß dick mit Käse bestreuen. Im auf circa 200 Grad vorgeheizten Backofen etwa 25 Minuten backen lassen. Dazu trinkt man Rotwein oder Bier.

Speckknödel

3 alte Brötchen, 100g Speck
2 Eßlöffel gehackte Petersilie
1/8 Liter Milch
2 Eier, Salz, weißer Pfeffer

Reichlich Salzwasser zum Sieden bringen. Die alten Brötchen in kleine Würfel schneiden. Den Speck fein würfeln und auslassen. Den Speck herausnehmen und im Fett die Brotwürfel braun rösten. Die Milch erhitzen, aber nicht aufkochen lassen. Die Eier mit Pfeffer und Salz verquirlen und dazugeben. Den Speck und die gehackte Petersilie untermengen und zu einem nicht zu festen Teig verarbeiten. Sollte der Teig zu weich sein, etwas Mehl oder Semmelbrösel einrühren. Mit nassen Händen apfelgroße Knödel formen und in das siedende Wasser geben. Circa 20 Minuten ziehen lassen, bis sie nach oben steigen. Dazu paßt Blaukraut.

Dämpft der Koch den Kohl mit Fleiß,
wird's dem Helmut sicher heiß.

Chinesisch

2 Eßlöffel Olivenöl
2 Putenschnitzel
2 Zwiebeln
1-2 Eßlöffel Curry
1 Eßlöffel Sojasoße
1 kleine Stange Lauch
1 kleiner Chinakohl
1 Dose Bohnensprößlinge
1/2 Dose Ananas
1/2 Glas Ananassaft
1/8 Liter Weißwein
1 Eßlöffel Fleischbrühe
1 Eßlöffel Mondamin

Die Putenschnitzel und Zwiebeln in feine Streifen schneiden, mit Curry und Sojasoße gut vermischen. Das Olivenöl gut erhitzen, dann Putenschnitzel-Zwiebelmasse dazugeben und stark anbraten. Lauch und Chinakohl dünn schneiden und gut waschen. Die Bohnensprößlinge in einem Sieb ebenfalls gut waschen, die Ananas in kleine Stücke schneiden. Diese Zutaten nun dem Fleisch beigeben. Kurz mitbraten und dann mit dem Weißwein und dem Ananassaft ablöschen. Mit etwa einem Eßlöffel Fleischbrühe abschmecken. 2 bis 3 Minuten köcheln lassen, mit einem Eßlöffel Mondamin (in etwas kaltem Wasser oder Weißwein aufgelöst) andicken. Dazu reicht man Reis und Weißwein.

Suppen - Flüssiges heißgeliebt

Suppen lassen sich nicht nur aus Päckchen oder Tüten herstellen. Es ist zwar etwas aus der Mode gekommen, aber man kann sie tatsächlich selbst kochen. Einfacher und bequemer ist es zwar allemal, kochendes Wasser in ein winziges Plastikbecherchen zu schütten; aber eine selbstgekochte Suppe mundet immer noch besser als eine X-Minuten-Terrine.

Blumenkohl-Cremesuppe

1/4 Blumenkohl
1/2 Liter Wasser
1 Eßlöffel gekörnte Brühe
2 Eßlöffel Butter
1 Eßlöffel Mehl
1/8 Liter Sahne
1 Eigelb
Salz, schwarzer Pfeffer, Muskatnuß

Den Blumenkohl in Röschen brechen, größere Röschen klein schneiden. Das Wasser mit der gekörnten Brühe zum Kochen bringen. Den Blumenkohl darin knappe 10 Minuten kochen. Butter in einem Topf erhitzen, Mehl dazugeben, kurz unterrühren und mit der Gemüsebrühe auffüllen. Unter ständigem Rühren aufkochen lassen. Vom Feuer nehmen, Schlagsahne und Eigelb verquirlen und in die Suppe einrühren. Erhitzen, aber nicht kochen lassen. Mit Salz, Muskatnuß und Pfeffer abschmecken.

Verhunzt der Koch die Kalbshirnsuppe,
ist´s dem Kalb schon ziemlich schnuppe.

Knoblauch-Cremesuppe

2 Eßlöffel Butter
2 schwache Eßlöffel Mehl
1/2 Liter Fleischbrühe
1/4 Liter Sahne
1 Schuß Weißwein
4 Knoblauchzehen
Schnittlauch

Die Butter in einem Topf erhitzen, das Mehl zugeben und unter Rühren goldgelb werden lassen. Die Fleischbrühe einrühren und aufkochen lassen. Die Sahne, den Weißwein und die gepreßten oder sehr fein gehackten Knoblauchzehen unterrühren. Kurz köcheln lassen, mit frischem Schnittlauch garniert heiß servieren.

Tomaten-Cremesuppe

1 Stange Lauch
1 Zwiebel
3 Tomaten
1 Eßlöffel Butter
1/2 Eßlöffel Mehl
1/2 Liter Fleischbrühe
1 Schuß Sahne
1 Schuß Rotwein
1 Teelöffel Zucker
Pfeffer, Salz

Lauch, Zwiebel und Tomaten kleinschneiden. Das Gemüse in der Butter andünsten und mit Mehl bestäuben. Mit der Brühe auffüllen und circa 20 Minuten köcheln lassen. Das Ganze durch ein Sieb streichen. Die Suppe mit Zucker, Pfeffer und Salz würzen, ein Schuß Sahne und etwas Rotwein beigeben und nochmals erhitzen.

Erbsen-Cremesuppe

1 kleine Dose Erbsen
1 kleine Zwiebel
1/2 Liter Fleischbrühe
1 kräftiger Schuß Sahne
Salz, weißer Pfeffer, 1 Prise Zucker
1 dünne Scheibe Speck, 1 Knoblauchzehe

Die Erbsen und die Hälfte der fein gehackten Zwiebel in der Fleischbrühe circa 15 Minuten köcheln lassen. Die Erbsen durch ein feines Sieb passieren, den Kochsud noch einmal aufkochen. Die Sahne einrühren, mit Salz, Pfeffer und Zucker würzen. Den sehr fein gewürfelten Speck in einer Pfanne auslassen, Zwiebel und Knoblauch darin leicht bräunen und auf die Suppe streuen.

Flädlesuppe

125g Mehl, 1 Ei
1/4 Liter Milch
1 Prise Salz, 1 Prise Pfeffer
etwas Fett
3/4 Liter Fleischbrühe
Schnittlauch

Mehl, Ei, Milch zu einem glatten Teig verarbeiten, die Gewürze einrühren und in heißem Fett zu dünnen Fladen ausbacken, bis sie beidseitig goldbraun sind. Die Fladen abkühlen lassen, rollen und in dünne Streifen schneiden. Die Fleischbrühe aufkochen, die Flädle beigeben und mit Schnittlauch garniert servieren.

Ist in der Supp´ Penaten-Creme,
nennt man das auch "Soupe extreme".

Chinesische Gemüsesuppe

Zutaten für 4 Personen:
5 Mu-Err-Pilze (sind getrocknet in fast allen Supermärkten erhältlich)
2 Gemüsezwiebeln
1 Knoblauchzehe
4 Tomaten
100g Staudensellerie
100g Chinakohl
1 kleine Dose Bohnenkeimlinge
3 Eßlöffel Öl, 2 Eßlöffel Sojasoße
1 Teelöffel Salz, Pfeffer
1 Messerspitze Ingwerpulver
gehackte Petersilie
1 Liter Hühnerbrühe

Die Pilze nach Vorschrift einweichen. Die Zwiebeln und die Knoblauchzehe fein hacken, die Tomaten würfeln. Den Staudensellerie und den Chinakohl waschen und in feine Streifen schneiden. Die Bohnenkeimlinge waschen und in einem Sieb abtropfen lassen. Die Pilze in Streifen schneiden.
Das Öl erhitzen, die Zwiebeln und den Knoblauch glasig werden lassen. Die Pilze und das Gemüse zufügen und 2 Minuten bei starker Hitze und unter ständigem Rühren anbraten. Mit der Hühnerbrühe auffüllen und die Suppe noch einmal kurz aufkochen lassen.

Grießknödelsuppe

1 kleines Ei, 3-4 Eßlöffel Hartgrieß
circa 40g Butter, Salz, Muskatnuß
1 Liter Fleischbrühe, Schnittlauch

Die Butter schaumig rühren, Ei, Grieß, Salz, Muskatnuß beigeben und gut verrühren. Den Teig 3/4 Stunden stehen lassen. Mit einem Kaffeelöffel und der Handinnenfläche kleine Bällchen bilden, in die köchelnde Brühe geben und 10 Minuten ziehen lassen. Mit Schnittlauch garnieren.

Griechische Zitronensuppe

3/4 Liter Hühnerbrühe
1/2 Tasse Reis
2 Eier
Saft einer halben Zitrone
Pfeffer, Salz

Die Brühe zum Kochen bringen, den Reis beigeben und circa 20 Minuten garen lassen. Die Eier schaumig schlagen, dabei langsam den Zitronensaft zufügen. Knapp 1/4 Liter der kochenden Brühe langsam unter die Ei-Zitronen-Masse rühren. Die Brühe vom Feuer nehmen und die Eiersoße unter ständigem Rühren in die Hühnerbrühe geben. Die Suppe nochmals erhitzen, aber nicht aufkochen lassen. Mit Salz und Pfeffer abschmecken.

Lauchsuppe

20g Butter
1/2 Zwiebel
gelber, innerer Teil einer großen Lauchstange
30g Mehl, Kümmel
3/4 Liter Fleischbrühe, Salz, Pfeffer

In der zerlassenen Butter dünstet man die feingehackten Zwiebeln und den fein geschnittenen Lauch. Mit dem Mehl bestäuben, unterrühren und mit der Brühe ablöschen. Etwas Kümmel beigeben und 20 Minuten kochen lassen. Mit den Gewürzen abschmecken.

Legt sich der Koch zum Suppengrün,
wird die Suppe schmackhaft ziehn.

Biker-Suppe nach Art der Gang

Zutaten für 4 Biker:
200g Speck
3 Zwiebeln
4 Kartoffeln
3 gelbe Rüben
2 Stangen Lauch
3 Eßlöffel Öl
1,5 Liter Fleischbrühe
1 Dose Erbsen
3 Knoblauchzehen
Salz, Pfeffer
1 Bund Schnittlauch
1 Schuß Sahne

Den Speck und die Zwiebeln fein würfeln, den Speck in einer Pfanne auslassen, die Zwiebeln darin rösten. Die Kartoffeln waschen und schälen und in kleine Würfel schneiden. Die Rüben und den Lauch putzen und ebenfalls fein schneiden. Das Öl in einem großen Topf erhitzen und das fein geschnittene Gemüse unter ständigem Rühren kurz, aber stark anbraten. Mit der Fleischbrühe ablöschen und circa 35 Minuten köcheln lassen, bis alle Zutaten weich gekocht sind. Das Ganze durch ein Sieb passieren, diese Suppe dann noch einmal aufkochen lassen. Die Erbsen, den fein gehackten Knoblauch, den geschnittenen Schnittlauch und die Zwiebeln mit dem Speck unterrühren. Mit viel Pfeffer und etwas Salz abschmecken und mit einem Schuß Sahne verfeinern. Die Gang trinkt dazu ein Pils. Und Sie?

Wenn der Koch ´ne Harley fahrt,
sind seine Schinken butterzart.

Gazpacho (kalte spanische Gemüsesuppe)

1 roter Paprika
1 grüner Paprika
4 Tomaten
1 kleine Salatgurke
2 Knoblauchzehen
1 Eßlöffel Öl
2 Eßlöffel Essig
1 Prise Paprika, Pfeffer, etwas Kümmel

Die Paprikas waschen, halbieren, das Kerngehäuse herausnehmen und in grobe Stücke zerteilen. Die Tomaten waschen und in grobe Stücke schneiden. Die Gurke schälen und in Scheiben schneiden. Sämtliche Zutaten in einem Mixer pürieren. Nach Bedarf etwas Wasser nachfüllen und eventuell nachwürzen. Die Suppe eiskalt mit geröstetem Brot servieren.

Biersuppe "Wolfgang"

1 Eßlöffel Butter
1 Scheibe Speck fein gewürfelt
1 Zwiebel fein gehackt
etwas Petersilie fein gehackt
1 Eßlöffel Mehl
1/4 Liter Weizenbier
1/4 Liter Wasser
1 kräftiger Schuß Sahne
Pfeffer

Die Butter erhitzen, den Speck und die Zwiebeln darin leicht bräunen. Die gehackte Petersilie kurz mitdünsten, mit Mehl bestäuben. Mit dem Weizenbier unter Rühren ablöschen, das Wasser beigeben, aufkochen lassen, mit einem kräftigen Schuß Sahne und etwas schwarzem Pfeffer abschmecken.

Soupe du bonjour oui oui (Quieksuppe)

Dieses Rezept ist nach Art der "nouvelle cuisine" (der neuen Cousine). Um dieser höchsten Schule des Cuisinierens würdigend Rechnung zu tragen, wurden die Rezeptangaben teilweise in französischer Sprache gehalten. Die Translation erfolgt jeweils in Klammern (). Und nun "fraiche à la oeuvre" (frech ans Werk).

quelquechose du beurre (**1 Eßlöffel Butter**)
des onignons haches (**1 gehackte Zwiebel**)
une ´ähnchenschlegel (**1 Hähnchenschlegel**)
une est le fel du miel (**1 Eßlöffel Mehl**)
une quatre litre du sec sec (**1/4 Liter trockener Sekt**)
une demis litre de la du l´eau (**1/2 Liter Wasser**)
une demis est le fel bouillon (**1/2 Eßlöffel gekörnte Brühe**)
un pipi de citrone (**1 Spritzer Zitronensaft**)
une union Pierresilie (**1 Bund Petersilie**)
une claque creme fraiche (**1 Schuß Sahne**)

Die Butter zergehen lassen, den Hähnchenschlegel rundum bräunen, die Zwiebeln glasig werden lassen. Mit Mehl bestäuben, dann mit Sekt und Wasser ablöschen. Die gekörnte Brühe, den Zitronensaft und die feingehackte Petersilie beigeben. Das Ganze etwa 30 Minuten köcheln lassen. Die Hähnchenschlegel herausnehmen, das Fleisch vom Knochen lösen und in feine Streifen schneiden. Wieder der Suppe beigeben, nochmal kurz aufkochen lassen und die Suppe mit einem Schuß Sahne verfeinern. Bon appetit! (Bohnen für die Kleinen!)

Beilagen - liegen nicht nur bei ....

.... sie bilden den Rahmen eines Hauptgerichtes.

Spätzle

250g Mehl
3 Eier
etwas Wasser
1/2 Teelöffel Salz

Mehl, Eier, Wasser und Salz vermengen und so lange schlagen, bis sich Blasen bilden. Der Teig darf nicht zu flüssig sein. 1,5 Liter Salzwasser zum Kochen bringen. Ein Holzbrett und ein langschneidiges Messer kurz darin eintauchen. 3 Eßlöffel von dem Teig auf das Brett geben und mit dem Messer dünne Teigstreifen in das leicht kochende Wasser schaben. Jede Portion köcheln lassen, bis sie an der Oberfläche schwimmt. Mit einem Schaumlöffel herausnehmen und kalt abspülen. Die gut abgetropften Spätzle in heißer Butter kurz anbraten.

Salzkartoffeln

5 Kartoffeln
Salz

Die Kartoffeln waschen, schälen und vierteln. Die Kartoffeln in einem Topf in wenig kochendes Salzwasser geben. Deckel aufsetzen. Circa 20 Minuten dämpfen, bis sie weich sind. Wasser ableeren.

Die Kartoffel in des Koches Mund,
macht die Wangen prall und rund.

Kartoffelbrei

500g Kartoffeln
knapp 1/4 Liter heiße Milch
1 Eßlöffel Butter
Salz, Muskatnuß, Pfeffer

Die Kartoffeln wie die Salzkartoffeln (Seite 59) gar kochen, das Wasser abgießen, mit einem elektrischen Handrührgerät die Kartoffeln unter Zugabe der heißen Milch und den Gewürzen zu einem lockeren Brei verrühren. Zum Schluß noch die Butter unterrühren.

Kartoffelbrei Alternativ (Grün)

Grundrezept wie oben
1 kleine Dose Erbsen
knapp 1/8 Liter Fleischbrühe

Die Erbsen 5 Minuten in der Fleischbrühe köcheln lassen, mit einem Mixer pürieren und unter den Kartoffelbrei rühren.

Pellkartoffeln

Die gut gewaschenen, ungeschälten Kartoffeln in einem bedeckten Topf in wenig Wasser garen. Garzeit je nach Sorte und Größe etwa 30 bis 40 Minuten.

Wenn der Koch den Wal tranchiert,
er beinah die Geduld verliert.

Gebackene Kartoffeln

Die Kartoffeln gründlich waschen, ungeschält halbieren, mit etwas Kümmel bestreuen und auf ein mit Butter bestrichenes Blech setzen. Im heißen Ofen etwa 45 Minuten backen. Die Kartoffeln kann man mit der Schale essen.

Reibeküchle

500g rohe Kartoffeln
1 Zwiebel, 1 Ei
circa 30g Mondamin
Salz, Pfeffer, Muskatnuß, Fett

Die Kartoffeln und die Zwiebeln schälen und reiben. Kurz stehen lassen und die entstehende Flüssigkeit abgießen. Ei, Milch und Mondamin sowie die Gewürze zu einem Teig vermischen. Diesen verrührt man mit dem Kartoffel-Zwiebelbrei. Handtellergroße, flache Küchle formen und in heißem Fett ausbacken.

Reis

1 Tasse Reis
1 Tasse Wasser
Salz
nach Belieben Curry

Den Reis mit dem Wasser in einen Topf geben, 1/2 Teelöffel Salz zugeben. Reis bei geschlossenem Topf zum Kochen bringen, circa 2 Minuten köcheln lassen. Die Herdplatte auf geringste Hitze schalten und den Reis circa 15 Minuten quellen lassen, bis er das Wasser aufgenommen hat und weich ist. Den Reis auflockern; wer will, kann ihn mit etwas Butter verfeinern.

Schlägt der Koch die Schweinekinder,
nennt man ihn auch Ferkelschinder.

Knödel

4 alte, harte Brötchen
1 Zwiebel fein gehackt und gedünstet
gehackte Petersilie
2 Eier, Salz, Pfeffer, Muskatnuß

Die harten Brötchen in kaltem Wasser einweichen. Das Wasser wieder kräftig herausdrücken und die Brötchen zerrupfen. Die gedünsteten Zwiebeln, die Petersilie und die Gewürze untermischen. Mit bemehlten Händen circa 8 Klöße daraus formen. Diese gibt man in kochendes Salzwasser, 12 bis 15 Minuten ziehen lassen. Variieren lassen sich die Knödel mit Schnittlauch und/oder gewürfeltem, ausgelassenem Speck.

Frittiert der Koch den Blindenhund,
ärgert sich der Blinde - und das mit Grund.

Der Nachtisch - süßer Seelenschmeichler

Ein leichter Nachtisch rundet das Essen erst richtig ab, gestaltet es abwechslungsreicher und beschaulicher. Es hat nichts mit Luxus oder Völlerei zu tun, wenn man in die Mahlzeit einen abschließenden Nachtisch miteinplant.

Honigbananen

2 Bananen, 1/2 Zitrone
1/2 Eßlöffel Butter, 1 Eßlöffel Honig

Die Bananen schälen und mit dem Zitronensaft beträufeln. Die Butter erhitzen und die Bananen beidseitig braun anbraten. Den Honig darübergeben.

Erdbeeren mit Schuß

300g Erdbeeren, 1 Eßlöffel Zucker, 1 Schnapsglas Cointreau
1/8 Liter Sahne, Schokostreusel

Die Erdbeeren waschen und den Stielansatz entfernen. Die Erdbeeren vierteln, zuckern und den Cointreau untermischen. Im Kühlschrank circa 1 Stunde ziehen lassen. Nochmals mischen, in Dessertschalen verteilen, ein Häubchen geschlagene Sahne aufsetzen und mit Schokoladenstreuseln garniert servieren.

Sitzt der Koch in Aprikosen,
hängt der Nachtisch an den Hosen.

Pfirsiche in Weinsoße

2 reife Pfirsiche
1/4 Liter Rotwein
1/2 Teelöffel Zimt
die geriebene Schale einer unbehandelten Zitrone
2 Gewürznelken
2 Eßlöffel Zucker

Die Pfirsiche kurz mit kochendem Wasser übergießen und gleich schälen. Den Rotwein köcheln lassen, die entsteinten und halbierten Pfirsiche und sämtliche Zutaten beigeben. Circa 10 Minuten bedeckt köcheln lassen, abkühlen und in der Weinsoße servieren. Der Geschmack des Rotweins bleibt erhalten, während der Alkohol verdunstet.

Vanillecreme

1/4 Liter Milch
1 Eigelb
1 Eßlöffel Mondamin
1 Päckchen Vanillezucker
1 Eßlöffel Zucker
1/8 Liter geschlagene Sahne

Milch, Eigelb, Mondamin und Vanillezucker kalt anrühren. Unter ständigem Rühren die Masse zum Kochen bringen. Die Creme erkalten lassen und die geschlagene Sahne unterziehen.

Schokocreme

Zubereitung wie Vanillecreme. Man gibt der Milch circa 50g fein geriebene Blockschokolade bei. Die Zuckermenge kann man auf 1/2 Eßlöffel veringern.

Fruchtjoghurt

**1 Banane, 1 Mandarine, 2 Becher Magermilchjoghurt (ohne Früchte)
Walnußkerne, 1 Eßlöffel Honig**

Banane und Mandarine schälen. Die Banane in Rädchen schneiden, die Mandarine in Schnitze teilen, leicht zuckern. Den Joghurt darübergeben und leicht unterheben. Mit Walnußkernen garnieren, Honig darübergeben. Dieses Rezept kann natürlich mit den verschiedensten Früchten variiert werden - seien Sie experimentierfreudig!

Vanilleeis mit Himbeersoße

**Vanilleeis, Himbeeren, Puderzucker
1 Schuß Himbeergeist oder Obstler**

Das Vanilleeis in Dessertschälchen geben. Die Himbeeren waschen und putzen. Mit Hilfe eines Löffels die Himbeeren durch ein Sieb drücken. Nach Geschmack Puderzucker beigeben und gut unterrühren. Den Himbeergeist einrühren und die Himbeersoße über das Eis verteilen. Für die Fruchtsoße eignen sich auch Erdbeeren, Heidelbeeren, Brombeeren, Johannisbeeren und Kiwis zum Pürieren. Solche Soßen lassen sich auch vorzüglich mit Quark, Joghurt und Sahne mischen.

**Wellt der Koch die Diva aus,
erhält er sicher viel Applaus.**

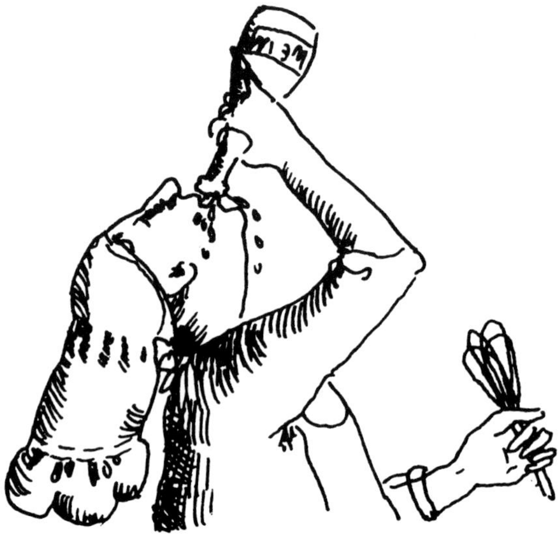

Weincreme mit Trauben

100g weiße Trauben
1/4 Liter Weißwein
60g Zucker
geriebene Schale einer halben, unbehandelten Zitrone, 2-3 Eier
1 Teelöffel Zitronensaft
1 Teelöffel Mondamin

Die Trauben waschen und in Scheiben schneiden. Einen großen Topf zur Hälfte mit Wasser füllen und erhitzen. Sämtliche Zutaten bis auf die Trauben in einen kleineren Topf geben und vermischen. Den kleineren Topf in den größeren stellen und bei mittlerer Hitze die Masse im kleineren Topf mit einem Rührgerät oder Schneebesen schaumig schlagen. Das Wasser im Außentopf darf nicht kochen. Wenn die Masse cremig wird und an Volumen gewinnt, sofort aus dem Wasserbad nehmen. Die Weincreme gleich in Gläser füllen, die Traubenrädchen einsinken lassen, sofort servieren.

Amaretto-Creme

1/4 Liter Sahne, 1 Teelöffel Zucker
1 Päckchen Vanillezucker, 3 Eßlöffel Amaretto
1 Ei, 1 Banane in Scheibchen

Die Sahne mit dem Zucker und Vanillezucker sehr steif schlagen. Langsam unter ständigem Rühren den Amaretto beigeben. Das Ei in Dotter und Eiweiß trennen, das Eiweiß steif schlagen. Das Eigelb unter die Sahne ziehen, danach ebenso den Eischnee. Die Bananenscheibchen in Dessertgläser verteilen, die Amaretto-Creme darübergeben.

Kuchen kochen kann keiner

Das stimmt, man bäckt sie (oder belegt sie wenigstens). Ich habe mir gedacht, wieso nicht ein paar schnelle Rezepte für einen guten Kuchen. Bevor man lange nach Mutterns Backbuch stöbern muß, denn das wird oft gehütet wie ein Schatz (in der untersten Schublade das unterste Buch mit den vielen Fettflecken), seien hier ein paar einfache, aber originelle Rezepte erwähnt.

Birne Helene

1 Biskuit-Tortenboden vom Bäcker
1 Tafel Halbbitterschokolade
1 kräftiger Schuß Milch
2 Dosen Birnen
1/4 Liter Sahne
Zucker
Schokostreusel

Die Schokoladentafel im Wasserbad (in einem großen Topf Wasser erhitzen, einen kleineren Topf mit der Schokolade hineinstellen) schmelzen und die Milch vorsichtig einrühren. Die warme Masse auf dem Biskuitboden dünn verstreichen. Die Birnenhälften gut abtropfen lassen und dicht auflegen. Die Sahne mit etwas Zucker steif schlagen und über die Birnen gleichmäßig verstreichen. Schokostreusel darüberstreuen.

Erdbeertorte

2 Biskuitböden, 3 Eßlöffel Erdbeermarmelade, 500g Erdbeeren, etwas Zucker
1/2 Liter Schlagsahne (mit einem Päckchen Vanillezucker gesüßt)

Den untersten Boden dünn mit der Erdbeermarmelade und dann mit etwas Schlagsahne bestreichen. Den zweiten Boden aufsetzen, mit den halbierten, leicht gezuckerten Erdbeeren dicht belegen. Die Torte rundum mit Schlagsahne dick bestreichen.

Exotischer Obstkuchen

1 Biskuitboden, 1/2 Portion Vanillecreme (Rezept Seite 64)
2 Bananen, 2 Kiwis, 1 Mango, 1 kleine Dose Litschi
1 kleine Dose Ananas, 1 Päckchen Tortenguß weiß (Tortenguß rot enthält den in den USA und der UdSSR verbotenen, weil krebserregenden Stoff E 123)

Die Vanillecreme auf den Biskuitboden streichen. Die Bananen, die Kiwis und die Mango schälen und schneiden. Die Litschis und die Ananas gut abtropfen lassen. Den Saft nicht wegschütten. Litschis gegebenenfalls entsteinen. Alle Früchte nun dekorativ auf dem gecremten Boden anordnen. Den Tortenguß mit 1/4 Liter des Fruchtsaftes zubereiten und gleichmäßig über den Obstkuchen geben.

Hefezopf

500g Mehl, 1 Würfel Hefe, 1/4 Liter lauwarme Milch
100g Butter, 60g Zucker, 1 Ei, 1 Prise Salz

Das Mehl in eine große Schüssel geben, eine Vertiefung in der Mitte bilden, die Hefe einbröckeln, mit der lauwarmen Milch, einer Prise Salz und etwas Zucker daraus einen Vorteig anrühren. Diesen kurz gehen lassen. Dann gibt man die übrigen Zutaten hinein und verarbeitet sie zu einem straffen Teig, bis er Blasen wirft. Diesen Teig abgedeckt in Wärme solange gehen lassen, bis er das doppelte Volumen erreicht hat. Den Teig nochmals durchkneten. 3 Stränge herausarbeiten und zu einem Zopf flechten. Nochmals ganz kurz gehen lassen und mit einem verquirlten Ei bestreichen. Im Backofen bei 200 Grad etwa 40 Minuten backen lassen.

Läßt der Koch den Saurier köcheln,
hört man den nur leise röcheln.

Streuselkuchen

1 Grundrezept Hefezopf (Seite 68)
Für die Streusel:
125g Zucker, 125g Butter
125g Mehl
Vanillezucker

Man wellt die Menge des Grundrezeptteiges sofort nach dem Kneten flach aus, gibt den Teig auf ein gut gefettetes Blech und läßt ihn kurz gehen. Die Oberfläche des Teiges mit einem verquirlten Ei bestreichen. Zucker, Butter und Mehl unter Rühren zu den Streuseln verarbeiten, diese gleichmäßig über den Teig verteilen. In den Ofen schieben und bei 200 Grad etwa 30 Minuten backen. Diesen Kuchen kann man auch mit Zwetschgen oder Äpfeln belegen.

Erdbeerroulade

200g Erdbeeren, 100g Zucker, 4 Eier
etwas Zitronensaft, 125g Puderzucker
100g Mehl, 1/8 Liter Sahne

Die Erdbeeren sauber putzen, halbieren und leicht zuckern. Die Eier trennen, (Vorsicht! Kein Eigelb ins Eiweiß bringen) das Eiweiß mit etwas Zitronensaft und der Hälfte des Puderzuckers steifschlagen. Das Eigelb mit 65g Zucker cremig rühren, den Eischnee behutsam unterziehen. Das Mehl darüber sieben und unterheben (nicht wild rühren!). Den Ofen auf 200 Grad vorheizen. Ein Blech mit Backpapier belegen, den Teig darauf glattstreichen. In den Ofen schieben, in 10 bis 15 Minuten den Biskuit goldbraun backen. Aus dem Ofen nehmen, den Boden auf ein sauberes Geschirrtuch stürzen, das Backpapier abziehen und den Boden mit dem Geschirrtuch aufrollen. Den Saft von den Erdbeeren abgießen. Die Sahne steifschlagen und die Erdbeeren unterziehen. Die Biskuitrolle wieder aufrollen und mit der Sahne-Erdbeermasse bestreichen. Wieder zusammenrollen, eventuell mit Puderzucker bestreuen.

Preiselbeertorte

4 Eigelb, 100g Zucker, 1 Päckchen Vanillezucker
150g Zartbitterschokolade, 4 Eßlöffel Rum
2 Gläser Preiselbeeren, 2 Becher Sahne
2 Sahnesteif, Vanillezucker, Schokoraspel

Eigelb, Zucker und Vanillezucker gut verrühren. Die Schokolade in einem Wasserbad (siehe Rezept "Birne Helene") auflösen und unter die Masse rühren. Das Eiweiß der 4 Eier steif schlagen und unterziehen. Den Teig in eine runde Kuchenform geben und bei 180 Grad etwa 45 Minuten backen. Den Boden abkühlen lassen und mit Rum beträufeln, mit den Preiselbeeren belegen. Die Sahne mit dem Sahnesteif und Vanillezucker steif schlagen und gleichmäßig über den Preiselbeeren verstreichen. Mit Schokoraspeln garnieren.

Platenkuchen

Teig: 1 Becher Sahne, 150g Zucker, 250g Mehl, 3 bis 4 Eier
1/2 Päckchen Backpulver, 1 Päckchen Vanillezucker, 1 Prise Salz
Guß: 125g Butter, 100g Zucker, 3 Eßlöffel Milch
100g gehobelte Mandeln

Für den Teig die Sahne steif schlagen. Die übrigen Zutaten beigeben und glatt verrühren. Den Teig auf ein mit Backpapier ausgelegtes Blech geben und verstreichen, bei 180 Grad 12 Minuten im vorgeheizten Backofen backen. Die Butter in einem kleinen Topf erhitzen, den Zucker und die Milch beigeben und flüssig werden lassen. Die Masse auf den gebackenen Boden geben und vorsichtig verstreichen, die Mandeln darüberstreuen. Nochmals 12 Minuten bei 180 Grad backen. Schmeckt ganz frisch am besten.

Bohrt der Koch in seinem Kuchen,
wird er wohl Rosinen suchen.

Sekttorte

2 Päckchen Zitronen-Cremespeise (ohne Kochen)
1 Pikkolo-Fläschchen weißen Sekt
5 Eßlöffel Puderzucker
2 Becher Sahne
2 Päckchen Sahnesteif
2 dünne Biskuitböden

Die Zitronenspeise mit Sekt und Puderzucker schaumig rühren. Die Sahne mit dem Sahnesteif sehr steif schlagen und unter die Sekt-Zitronenmasse ziehen. Einen der Biskuitböden auf eine Tortenplatte legen und einen Springformrand darumlegen. Die Masse gleichmäßig auf dem Tortenboden verteilen und den zweiten Boden als Deckel auflegen. Mit Puderzucker bestreuen und kühl stellen, bis die Cremefüllung fest ist. Erst dann die Springform vorsichtig lösen.

Apfelkuchen für Festtage

Vorsicht! Rezept sehr aufwendig! Nur für fortgeschrittene Dilettanten empfehlenswert.

Teig: 250g Butter, 150g Zucker, 1 Päckchen Vanillezucker, 1 Ei
1 Eigelb, 500g Mehl, 1 Prise Salz, abgeriebene Schale einer Zitrone
Füllung: 5 Äpfel, 2 Eßlöffel Zucker, 1/2 Glas Apfelmus
1 Gläschen Rum, 100g Sultaninen, 1 Teelöffel Zimt
Zum Bestreichen: 3 Eßlöffel Puderzucker, 1 Eiweiß
Saft einer Zitrone

Butter, Zucker, Vanillezucker, Ei und Eigelb in eine Schüssel geben und verrühren. Das Mehl auf den Tisch (sauber sollte er halt sein!) sieben, eine Mulde hineindrücken, die Masse hineingeben, zusammen mit Salz und der Zitronenschale durchkneten. 30 Minuten kühl stellen. Knapp die Hälfte des Teigs rund

auswellen und auf den ungefetteten Springformboden legen. Mehrmals mit einer Gabel einstechen. Den Boden im vorgeheizten Backofen bei 200 bis 225 Grad 10 Minuten backen. Die Äpfel schälen, vierteln, das Kerngehäuse entfernen und in dünne Scheiben schneiden. Mit Zucker, Apfelmus, Rum, Sultaninen und Zimt mischen. Von dem übriggebliebenen Teig etwas wegnehmen, daraus eine daumendicke Rolle formen. Den ungefetteten Springformrand an die Bodenplatte ansetzen, die Teigrolle um den vorgebakkenen Boden herumlegen und hochdrücken, so daß ein etwa 3 cm hoher Rand entsteht. Die Springform mit der Apfelmasse füllen. Den restlichen Teig als Deckel in Größe der Springform ausrollen und mit der Gabel mehrmals einstechen. Den Rand des Deckels mit verquirltem Eigelb bestreichen und auf die Füllung legen. Weitere 25 bis 30 Minuten bei gleicher Hitze backen. Danach aus dem Ofen nehmen, abkühlen lassen. Den Puderzucker mit dem Eiweiß und Zitronensaft verrühren und den Kuchen damit bestreichen.

Kocht der Koch "nouvelle cuisine", sieht man manche Gäste fliehn.

Register

MICHAEL BOENKE
HERBERT
SERVIERT:
IM GENTECHNOLOGIE - ZENTRUM
GEHT'S RUND

SEIT 1845
Zoller-Hof Bier
Guter Geschmack setzt sich durch!

Radfahren und gut essen –

das ist beileibe kein Widerspruch

Kann es etwas schöneres geben, als ein gutes Essen nach einer interessanten Radtour?
Viele Anregungen für *gutes Essen* finden Sie in diesem Büchlein.

Anregungen für *schöne Radtouren* und viele nützliche Tips rund um's Radfahren finden Sie im **neuen Radwanderführer für Oberschwaben, dem Bodensee und dem Voralpenland** von Günter Schiel ebenfalls im direkt verlag.